Le petit livre de BLAGUES

ANGRY BIRDS™

Direction de la publication : Carine Girac-Marinier
Direction éditoriale : Florence Pierron-Boursot
Édition : Claire Tenailleau
Responsable artistique : Laurent Carré
Mise en pages : Olivier Déduit
Fabrication : Rebecca Dubois

21, rue du Montparnasse - 75006 Paris

ISBN : 978-2-03-590634-2
Conforme à la loi n° 49-956 du 16 juillet 1949 sur les publications destinées à la jeunesse.

Textes : Aurore Meyer

Le petit livre de BLAGUES ANGRY BIRDS™

LAROUSSE

Bombe arrive essoufflé et s'exclame :

- Les amis, j'ai mal à cause d'une piqûre d'abeille !

- Tu l'as désinfectée ?

- Bah, non, elle est retournée dans les arbres !

La charade de Chuck :

« Mon premier pousse en forêt quand le temps est très humide.

Mon second est une manie.

Mon tout est une toute petite bête qui pique ! »

Moustique (mousse-tic).

Térence et Chuck sont perdus dans la forêt.

- Je meurs de soif, dit Térence.

- Sais-tu qu'il faut sucer des cailloux
dans ce cas ? lui répond Chuck.

- Mais non, il faut trouver une rivière, idiot.

- Ah oui, pas bête, il y a des cailloux
dans une rivière !

Red propose une devinette
à Térence :

- Térence, tu sais pourquoi
les poissons ne parlent pas ?

- Euh... je ne sais pas.

- T'as déjà essayé de parler sous l'eau ?

Chuck et Bombe se baladent.
Chuck lui dit :

- Tu as vu la forêt, là-bas ?
Elle n'est pas pareille que d'habitude...

- Non, je ne vois rien.
Il y a des arbres qui la cachent !

Bird Island a été désertée par tous les Angry Birds. Hal et Bubbles se retrouvent seuls.

- C'est horrible, dit Bubbles, nous sommes abandonnés, ils nous ont oubliés !
Il faut envoyer un SOS !

Hal a justement sous la main un téléphone portable :

- SOS, SMS ou MMS, c'est fichu !
Nous n'avons pas de réseau !

La charade de Matilda :

« Mon premier est une bête qui saute sur le dos des chiens.

Mon second n'est pas carré.

On trouve mon tout sur les rosiers. »

Puceron (puce-rond).

- Qui peut me citer trois membres de la famille des poissons ? demande Red à Chuck et Bombe.

- Je sais, je sais ! répond Chuck.

- Je t'écoute, Chuck, dis-moi.

- Bah, le bébé poisson, la maman poisson et le papa poisson !

La charade de Red :

« Mon premier est après "je" mais avant "il".

Mon deuxième est l'endroit où tu dors.

Mon troisième est le contraire de beaucoup.

Mon tout est une fleur. »

Tulipe (tu-lit-peu).

Red demande à Térence :

- Tu connais l'insecte qui arrive toujours le premier à la course ?

- Le cochon ?

- Mais non, ce n'est pas un insecte ! C'est le pou, parce qu'il arrive toujours en tête !

Stella est la reine de la devinette et demande :

- Quel insecte obtient-on si on étire un papi ?

Devant le silence de l'assemblée, elle donne la réponse :

- Un papillon (papi-long) !

La charade de Térence :

« Mon premier est le mari de la poule.

On utilise mon deuxième pour couper du bois.

Mon troisième est la quatorzième lettre de l'alphabet.

Même si les Angry Birds possèdent mon quatrième, ils ne peuvent pas voler.

Mon tout est un insecte très joli. »

Coccinelle (coq-scie-n-ailes).

Shirley pose une colle à Red :

- Connais-tu le comble pour un arbre jeune ?

- Non, lui répond innocemment Red.

- C'est de se faire appeler « vieille branche » !

La charade de Stella :

« Mon premier est au milieu du visage.

Mon deuxième n'est pas habillé.

Mon troisième éclaire les bateaux.

Mon tout flotte dans la mare. »

Nénuphar (nez-nu-phare).

Stella demande à Térence :

- Tu crois que la lune est habitée, toi ?

- Bah, bien sûr, elle est allumée tous les soirs !

La charade de Bubbles :

« Mon premier n'a pas raison.

Mon second est le pronom entre "je" et "il".

Mon tout porte une carapace. »

Tortue (tort-tu).

Bombe demande à Matilda :

- Dis, Matilda, tu connais le sport
le plus fruité ?

- Non.

- C'est la boxe : tu prends une pêche
et un marron dans la poire,
et tu tombes dans les pommes !

- Oh ! répond Matilda, choquée.

L'énigme de Red :

« Je vole mais je n'ai pas d'ailes.
Je pleure mais
je n'ai pas d'yeux.

Qui suis-je ? »

Un nuage.

Red et ses copains font un pique-nique dans la forêt. Bubbles plante des râteaux tout autour de la nappe. Red lui demande alors :

- Pourquoi tu plantes des râteaux comme ça ?

- Pour éloigner les pingouins volants.

- Mais il n'y a pas de pingouins volants par ici !

- Ah, ben, tu vois, ça fonctionne ! C'est grâce à mes râteaux !

La charade de Chuck :

« Mon premier n'est pas vrai.

Tu traces mon second avec un peigne dans tes cheveux.

On trouve de nombreux arbres et beaucoup d'animaux dans mon tout. »

Forêt (faux-raie).

Stella revient d'une balade en forêt avec la jambe tout écorchée.

- Ma pauvre, tu as dû beaucoup pleurer, lui dit Matilda.

- Pas la peine, Matilda, il n'y avait personne.

La charade de Cyrus :

« Mon premier sert à faire cuire les gâteaux.

Mon second se trouve au milieu du pain.

Mon tout est un insecte qui vit en colonie. »

Fourmi (four-mie).

La charade d'Aigle Vaillant :

« Mon premier se mesure en kilogrammes.

Mon second vient après "mon, ton, ...".

Mon tout vit dans la mer et a des nageoires. »

Poisson (poids-son).

Shirley, qui aime bien discuter avec Red, lui demande :

- Tu connais le comble pour un arbre ?

- Non...

- C'est d'être dur de la feuille !

Bubbles et Hal observent la nature,
les papillons qui volent...

Tout à coup, Hal s'exclame :

– Regarde, Bubbles, c'est Aigle Vaillant !

– Ah, oui, j'ai vu.

– Regarde, Bubbles, la belle montagne !

– Oui, j'ai vu, Hal.

– Regarde, Bubbles, la crrr...

– Oui, Hal, c'est bon, arrête de parler tout le temps ! J'ai vu !

– Bah, pourquoi t'as marché dedans, alors ?

Chuck pose une nouvelle colle à Red :

- Tu sais ce que dit Cyrus le hibou
à sa femme au jour de l'an ?

- Non ?

- Je te chouette une bonne année !

La charade de Bubbles :

« Mon premier est le mâle d'une oie.

Tu fais mon deuxième quand
tu manges le soir.

Tu donnes mon troisième lorsque
tu indiques ta date de naissance.

Mon tout est l'une des passions
de Matilda. »

Jardinage (jars-dîne-âge).

Chuck discute avec Matilda. Il lui dit :

- Quand je te vois, je pense à la mer...

- C'est bizarre, je n'ai pas les yeux bleus, rétorque Matilda.

- Non, mais tu me rends malade ! rigole Chuck.

Red va au zoo pour la première fois avec son copain Chuck. Il aperçoit un paon et s'exclame :

– Chuck, regarde ! Une poule qui est en train de fleurir !

La charade de Red :

« Mon premier est le bébé de la vache.

Mon second est une partie d'un château.

Mon tout est un oiseau. »

Vautour (veau-tour).

Red entre dans un bar et commande un cocktail de fruits. Le serveur le lui apporte et lui réclame quinze euros. Red boit son verre et paie.
Le serveur, interloqué, lui dit :

- On ne voit pas beaucoup d'oiseaux dans ce bar d'habitude.

Red répond :

- À quinze euros le cocktail, ça ne m'étonne pas !

Sur Bird Island, un œuf dit à son voisin :

- Qu'est-ce que tu as, tu es malade ? T'es tout vert et tout poilu !

- Normal, je suis un kiwi !

La charade de Juge Bec :

« Mon premier est la femelle du jars.

Tu peux visiter mon second et rencontrer des girafes, des éléphants...

Mon tout peut être très en colère ! »

Oiseau (oie-zoo).

Chuck pose une colle à Red :

- Imagine que sur un banc il y a deux poussins.

Tu veux t'asseoir, mais il n'y a plus assez de place. Comment tu fais ?

- Euh, je ne sais pas, je donne ma langue au chat...

- Eh bien, tu en pousses un !

Chuck demande à Matilda :

- Hé, Matilda, tu connais les chiffres préférés de la poule ?

- Euh… non.

- 4, 4, 7, 1, 9 (cot, cot, c'est un œuf) !

La charade de Hal :

« Mon premier a mangé le Petit Chaperon rouge.

On fait mon deuxième quand on voit une étoile filante.

Mon troisième est le contraire de "tard".

Mon tout est le petit de mon premier et vit dans la montagne. »

Louveteau (loup-vœu-tôt).

Chuck demande à Red :

- Quel est le comble pour un agent de police ?

- Je ne sais pas...

- C'est d'arrêter un Angry Bird parce qu'il vole.

Bombe et Térence se promènent. Le premier voit une châtaigne et dit alors au second :

- Oh regarde, trop mignon, un œuf de hérisson !

Après avoir rendu visite à Aigle Vaillant, Térence demande à Red :

- Red, c'est quoi, un rapace ?

- C'est un oiseau qui passe et qui rapace !

La charade de Térence :

« Mon premier est la neuvième lettre de l'alphabet.

Mon second est un mot que l'on prononce pour faire peur à quelqu'un.

Mon tout est un oiseau qui vit la nuit. »

Hibou (i-bouh).

- Tu connais la blague du papier ? demande Chuck à Red.

- Non… répond Red.

- Dommage pour toi, elle déchire !

- Tu connais la blague à deux balles ? recommence Chuck.

- Non…

- Dommage pour toi, elle tue !

- Tu connais la blague de satan ?

- Non…

- Dommage pour toi, elle est d'enfer !

Hal croise deux canards au bord d'un lac. Le premier dit :

- Coin, coin.

Le second s'écrie :

- C'est fou, c'est exactement ce que j'allais dire !

Shirley demande à Red :

- À ton avis, Red, quels sont les champignons qu'on ne peut pas manger ?

- Aucun ! Mais il y en a certains qu'on ne peut manger qu'une seule fois !

Chuck, Bombe et Térence attendent des invités pour un pique-nique. Chuck se rend compte que Térence a grignoté de nombreux morceaux de fromage.

– Térence, je sais que tu as piqué plein de morceaux de fromage sans penser aux autres !

– Mais si, Chuck, je te promets, je n'ai pas arrêté de penser aux autres. Je me disais : « Pourvu qu'ils n'arrivent pas... Pourvu qu'ils n'arrivent pas... »

Red se met à vouloir raconter des blagues lui aussi :

- Bombe, qu'est-ce qui est vert, qui veut voler nos œufs et qui finit par « ane » ?

- Je ne sais pas, répond Bombe.

- Léonard, banane ! Allez, j'en ai une dernière pour toi : qu'est-ce qui est vert, qui veut voler nos œufs et qui finit par « ire » ?

- Je ne sais toujours pas, répond Bombe.

- Léonard, banane ! Je viens de te le dire !

- Red, tu peux m'expliquer comment on utilise un dictionnaire, demande Bombe.

- Bien sûr, c'est très facile.
Par exemple, pour maman,
tu cherches à M.
Et pour épinards...

- Oui, j'ai compris ! Je cherche à aime pas !

Red demande à Chuck :

- Chuck, comment s'appelle la femelle du hamster ?

- Amsterdam ! répond Chuck en riant.

Red est dans tous ses états et se rend au poste de police :

- Je suis vraiment très inquiet ! Bombe a disparu depuis trois jours. Il était juste parti acheter des glaces pour le dessert et il n'est pas revenu. Que puis-je faire ?

- Ben, un gâteau au chocolat ou une tarte aux fraises.

Chuck entre chez un marchand de glaces. Ce dernier lui dit :

- Si tu prends trois glaces, la quatrième est offerte.

- D'accord, alors, donnez-moi la quatrième, répond Chuck.

Hal vient de se faire piquer au cou par un frelon.

– Vite, Shirley, fais quelque chose, j'ai vraiment très mal, ça brûle, ça pique, c'est horrible.

– Calme-toi, Hal, je vais te faire une piqûre pour que ça aille mieux.

– Ahhhhh ! hurle Hal en courant.

– Hé, Chuck, tu connais l'histoire du chauffeur de bus ? demande Red.

– Non ?

– Moi non plus, j'étais assis à l'arrière, rigole Red.

Red demande à Bombe :

- Comment appelles-tu un ascenseur en anglais ?

- Bah, comme en français, avec le bouton !

Stella demande à Bubbles :

- Mon petit Bubbles, serais-tu capable de me citer cinq choses qui contiennent du lait ?

- Bien sûr, Stella ! Du beurre, du lait et euh... trois vaches ! répond Bubbles, sûr de lui.

Chuck demande à Juge Bec :

– Quelle est la différence entre un chapon et une poule ?

– Eh bien, mon petit, c'est une très bonne question à laquelle je ne saurais te répondre...

– Une poule cha pond et un chapon cha pond pas... répond Chuck en ricanant.

La charade de Chuck :

« Mon premier est le contraire de haut.

Mon second est le contraire de court.

On peut jouer avec mon tout. »

Ballon (bas-long).

Chuck a trouvé une nouvelle devinette pour Stella :

– Quel est l'animal le plus heureux ?

– Je ne sais pas...

– Le hibou, parce que sa femme est chouette, s'amuse Chuck.

Cyrus est très enrhumé, il éternue sans arrêt et n'arrête pas de renifler. Térence passe à côté de lui et, légèrement agacé, lui dit :

– Dis-moi Cyrus, tu n'as pas de mouchoir ?

– Si, répond Cyrus. Mais je ne te le prête pas !

La charade de Matilda :

« Mon premier sort du pis de la vache.

Mon deuxième n'est ni deux ni quatre.

Mon troisième n'est pas grand.

Ross est mon quatrième.

On peut dire que Léonard et deux
de ses compères sont mon tout ! »

Les trois petits cochons (lait-3-petit-cochon).

Ross arrive comme un fou vers Léonard :

- Regarde, Léonard, comme je cours vite !

- Super, super !

Puis Ross slalome
et rentre dans un arbre.
Il retourne voir Léonard
en souriant et lui dit :

- Regarde, maintenant,
sans les dents !

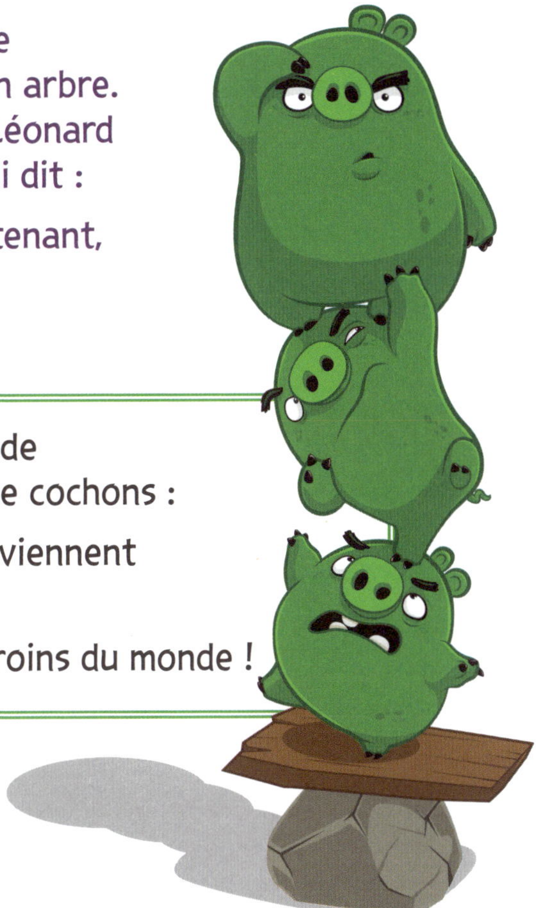

Léonard demande
à l'assemblée de cochons :

- De quel pays viennent
les cochons ?

- Des quatre groins du monde !

Bombe rentre avec une petite blessure. Stella s'exclame :

- Mais Bombe, que t'est-il arrivé ?

- J'ai essayé d'empêcher une bagarre mais je n'ai pas réussi.

- C'est bien, mais qui se battait ?

- Bah... moi et Léonard, répond Bombe en souriant.

Bombe demande à Matilda :

- À ton avis, s'il y a cinq cochons devant moi et que je tire un coup de pied géant pour en envoyer un à l'autre bout de l'île. Combien en reste-t-il ?

- Bah aucun, répond Matilda.

- Faux, il en reste quatre.

- Euh... sans vouloir te décevoir, je pense que les cochons ne seront pas assez bêtes pour rester. Ils seront sûrement partis !

Bombe se plaint à Stella car il a un grave problème : il a une carotte coincée dans le nez, un morceau de navet dans l'oreille gauche et une fraise dans l'oreille droite.

Il demande :

– Mais qu'est-ce que j'ai, Stella ?

– Je crois simplement que tu manges comme un cochon ! répond-elle en riant.

La charade de Matilda :

« Mon premier est entre sol et si.
Mon second est un conifère.
Mon tout est un animal tout doux. »

Lapin (la-pin).

Léonard pose une colle à Ross :

- Tu connais la différence entre un banc et un cactus ?

Ross répond :

- Non...

- Bah, essaie de t'asseoir sur un cactus !

Red, hilare, raconte une blague pour que Chuck se détende :

« Dracula et l'un de ses amis sortent un soir mais le temps est affreux.

- Est-ce que c'est une tornade ? demande l'ami de Dracula.

- Mais non, je te promets que moi j'ai déjà vu des vents pires ! »

La charade de Cyrus :

« Mon premier est un animal qui porte des bois.

Mon second est un oiseau qui fait la roue.

Mon tout siffle dans les herbes. »

Serpent (cerf-paon).

- Ce sont quand même de drôles d'animaux, ces cochons ! s'exclame Chuck.

- Pourquoi tu dis ça ? lui demande Red.

- Parce que les cochons parlent comme toi quand tu dors !

Ross dit à Léonard :

- Si tu me dis combien j'ai de bonbons dans ma poche, je te les donne tous les deux. Alors ?

- Bah deux ?

- Ouah ! Comment tu le sais ! ?

Pourquoi Léonard met-il des bouteilles de jus d'orange vides au réfrigérateur ?

Pour ses copains qui n'ont pas soif !

La charade de Bombe :

« Mon premier est la femelle du chat.

Mon second coule du robinet.

Mon tout est grand
et peut être hanté. »

Château (chatte-eau).

Léonard sort de l'eau.
Dit-on qu'il est sec
ou qu'il est sèche ?

Ni l'un ni l'autre.
On dit qu'il est mouillé !

Juge Bec et Cyrus se promènent dans la savane. Ils se retrouvent face à Léonard.

– Oh, écoute ! Il ronronne, c'est mignon ! dit Juge Bec.

– Euh... je crois plutôt que ce sont les gargouillis de son estomac vide !

Red croise Matilda qui sort de chez le coiffeur et lui demande :

– Matilda, connais-tu la différence entre une souris et une chauve-souris ?

– Non... répond Matilda un peu étonnée.

– La chauve-souris ne porte pas de perruque !

Léonard essaie de coller Ross
avec cette énigme :

– Ross, concentre-toi et réponds
à ma question. Si on coupe cinq pommes
en six morceaux et qu'on les divise encore
en trois, qu'est-ce qu'on obtient ?

Ross répond, sûr de lui :

– De la compote, Léonard !

Stella demande à Red, Bombe et Chuck :

- Pourriez-vous me dire ce qu'est un oiseau migrateur ?

- Oui, Stella. C'est un oiseau qui ne se gratte que d'un seul côté ! répond Chuck.

J'habite dans un palais comme Léonard, je porte parfois une couronne mais je ne suis pas un roi. Qui suis-je ?

Une dent.

En ce moment, Chuck n'est pas très en forme et n'est pas à l'aise dans ses baskets. Il va donc voir ses amis pour essayer de trouver du réconfort.

- Pfff, en ce moment, je me sens nul et surtout tout petit, tout mini.

- Mais non, le rassure Red. Ce n'est pas parce que tu as une haleine de chaussette sale qu'il faut te sentir complexé !

- Red, tu sais comment un serpent demande l'heure à sa femme ?

- Bah, il lui dit : « Il est quelle heure ? »

- Non, il lui dit : « Quelle heure reptile ? »

La charade de Ross :

« Mon premier est un mot de liaison.

Mon deuxième sort du pis de la vache.

Mon troisième est le bébé de la biche.

Mon tout est un animal d'Afrique. »

Éléphant (et-lait-faon).

Léonard et Ross discutent :

- Léonard, c'est vrai que j'ai de grandes dents ?

- Mais non, mon Ross. Allez, prends ta pelle et finis ton assiette !

Red demande à Chuck :

- Trois et trois, ça fait combien ?

- Match nul, Red !

- Léonard, est-ce qu'une olive noire, ça a des pattes ?

- Évidemment que non, Ross ! Pourquoi ?

- Oups, alors je crois que j'ai mangé un cafard !

Red observe Bombe et lui demande :

- Que fais-tu, Bombe ?

- J'écris une lettre
à Matilda.

- Mais tu ne sais pas
écrire !

- Ce n'est pas grave,
elle ne sait pas
lire.

La charade de Stella :

« Mon premier n'a plus de cheveux.

Mon deuxième n'est pas sur.

On trouve mon troisième avec le poisson dans les sushis.

Mon tout est un mammifère qui vole. »

Chauve-souris (chauve-sous-riz).

Bombe et Chuck discutent à l'heure du dîner :

- Tu le veux comment, ton ver de terre ? demande Bombe.

- Cui, cui ! lui répond Chuck en rigolant.

La charade de Bubbles :

« Mon premier n'est pas amateur.

On peut appeler mon deuxième le popotin.

Une montre donne mon troisième.

Mon tout est le métier de l'un des Angry Birds. »

Professeur (pro-fesse-heure).

Térence se réveille de très mauvaise humeur ce matin. Il se plaint :

- J'ai trouvé une puce morte dans mon lit. C'est dégoûtant !

Red lui rétorque :

- Eh bien, si elle était morte, rien de grave.

- Oui, mais il y avait toutes ses copines à son enterrement, s'énerve Térence.

Red dit à Matilda :

- Tu n'es pas venue à la fête hier soir ?

- Oh, non ! Je n'ai pas pu ! J'avais une méga fièvre de cheval et j'ai été méga malade comme un chien pendant toute la nuit. En plus, j'avais un chat dans la gorge et je boitais comme un chien battu. Je pense qu'il faut vraiment que j'aille chez le médecin.

- Tu ne crois pas que c'est plutôt un vétérinaire que tu devrais consulter ?

La charade d'Aigle Vaillant :

« Mon premier est un féculent adoré des Japonais.

Mon deuxième signifie aller en anglais.

Mon troisième sort du pis de la vache.

Chuck adore faire mon tout ! »

Rigoler (riz-go-lait).

Red et Chuck doivent se rendre chez Aigle Vaillant. Chuck dit à Red :

– Red, je te préviens, il faudra bien te tenir.

– Pourquoi ? C'est en pente, chez lui ?

Hal demande une place
de cinéma. La caissière
dit être étonnée
d'entendre un oiseau qui parle.
Celui-ci lui répond :

– Ne vous inquiétez pas, je ne dirai rien
pendant le film !

La charade de Red :

« Mon premier est le prénom de Pokora.
Les Angry Birds vivent sur mon deuxième.
Mon troisième signifie « oui » en russe.
Bombe est un petit peu amoureux
de mon tout. »

Matilda (Matt-île-da).

Hal dit à Bubbles :

- Dans la vie,
il y a trois
catégories d'oiseaux.

- Ah bon, tu crois ?

- Mais oui, il y a ceux qui savent compter et il y a ceux qui ne savent pas !

La charade de Bombe :

« Mon premier vit dans les égouts.

Mon deuxième est un oiseau voleur.

Mon troisième n'est ni un ni trois.

Mon tout est l'une des qualités de Chuck. »

Rapide (rat-pie-deux).

La charade de Matilda :

« Mon premier est le contraire de maigre.

Mon deuxième n'entend rien.

Mon troisième se situe au-dessus de la paupière.

Mon tout est l'un des traits physiques de Red. »

Gros sourcils (gros-sourd-cil).

Hal demande à Bubbles :

- Bubbles, je voudrais du chocolat.

- Mais je viens de t'en donner un gros morceau !

- Oui, mais moi je voulais un petit ! répond Bubbles en rigolant.

Chuck arrive comme une flèche devant Bombe et Red :

– Hé, les copains, j'ai la blague du siècle !

– Vas-y, on t'écoute, répond Red, méfiant.

Chuck reprend :

– C'est un pain au chocolat et un croissant qui discutent sur une table. Le pain au chocolat dit : « Ah, ah, tu es tout tordu ! »

Et le croissant lui répond : « Tu peux parler toi, avec ton caca aux fesses ! »

La charade de Juge Bec :

« Mon premier est la cinquième lettre
de l'alphabet, mais aigu.

On plante des graines dans mon deuxième.

Mon troisième n'est pas habillé.

Mon quatrième ne dit pas la vérité.

Mon tout est l'un des petits problèmes
de Cyrus. »

Éternuement (é-terre-nu-ment).

Stella est vraiment très, très mal en point. Elle ne sourit pas, ce qui ne lui ressemble pas. Red, qui veut l'aider, lui demande :

– Où as-tu mal ?

Stella répond :

– Quand j'appuie là, j'ai mal. Ah, et quand j'appuie là aussi, j'ai mal.
Et puis là, et là, et là.
C'est grave, tu crois ?

– Non ! Tu as juste le doigt cassé ! répond Red, sûr de lui.

Un ami et toi décidez d'aller au cinéma voir le film Angry Birds ! Mais vous n'arrêtez pas de discuter pendant le film.
Normal, c'est tellement drôle !
Votre voisin vous dit :

- S'il vous plaît, je n'entends rien !

Surtout, n'hésitez pas et répondez-lui :

- De toute façon, ça ne vous regarde pas ce que l'on se raconte, non mais !

La charade de Cyrus :

« Mon premier est une demoiselle en anglais.

On plante des graines dans mon deuxième.

Mon troisième te permet de voir.

Mon tout est l'un des traits de caractère d'Aigle Vaillant. »

Mystérieux (miss-terre-yeux).

Aujourd'hui, c'est
l'anniversaire
de Térence.
Chuck lui dit :

- Térence,
pour ton anniversaire,
je vais te préparer
un gâteau avec
plein de bougies.

- C'est gentil, mais tu ne veux pas plutôt
me préparer plein de gâteaux avec
une seule bougie ?

Juge Bec dit à Cyrus :

- Il paraîtrait que notre cerveau
ne fonctionne qu'à 50 %
de ses capacités...

- Là, permets-moi de te dire que
je ne te crois qu'à moitié !

La charade de Hal :

« Mon premier permet aux bateaux de se repérer.

Mon second est le pluriel de « celui ».

Chuck adore faire mon tout. »

Farce (phare-ceux).

Chuck arrive avec une nouvelle blague sur le bout du bec :

– Hé, Red, tu connais la blague de la fusée ?

– Euh… ben non.

– Moi non plus, elle est passée trop vite !

La charade de Léonard :

« Mon premier est entre la et do.

Mon deuxième n'est pas rapide.

Mon troisième est entre la et do.

Mon quatrième est la cinquième lettre de l'alphabet.

Mon tout est l'un des traits de caractère de Térence. »

Silencieux (si-lent-si-e).

Red et Chuck se baladent. Tout à coup, Red dit à son ami :

- Sur cette plaine, il y a très longtemps, il n'y avait que la mer.

Chuck s'écrie :

- Ah oui ! Je comprends mieux ! C'est pour ça que, la dernière fois que je suis venu, il y avait plein de boîtes de sardines !

Bombe demande à Matilda :

- Dis, on se mariera quand on sera grands, Matilda ?

- Avec toi ? Bien sûr que non, c'est complètement impossible !

Bombe répond :

- Tu me trouves moche ou trop explosif pour toi, c'est ça, hein ?

- Mais non, Bombe, ça n'a rien à voir avec ça. C'est juste que chez nous on ne se marie qu'en famille : mon père avec ma mère, mamie avec papi, mon oncle avec ma tante...

Red surprend Bombe en train de sauter au-dessus de son assiette. Il lui demande :

- Mais que fais-tu ?

- J'ai un peu grossi ces derniers temps, alors je saute un repas !

Red et Chuck déjeunent au restaurant. Ils passent leur commande :

– Alors, on voudrait... deux crabes farcis, des gambas grillées, trois croque-monsieur, une tartiflette, quatre éclairs au chocolat et deux cafés.

– Et avec ceci, vous prendrez ? demande le serveur.

– Sûrement quatre ou cinq kilos, répond Red en rigolant.

Red demande à Bombe :

- Sais-tu d'où viennent les pommes ?

- Du pommier ! répond Bombe du tac au tac.

- Très bien. Et les dattes ?

- Euh... Du calendrier ?

Stella demande une pièce de deux euros à Shirley.

- C'est pour quoi faire ? demande Shirley.

- C'est pour donner à une vieille dame, là-bas, répond Stella.

- C'est très bien, elle est où cette vieille dame ?

- Là-bas, elle vend des glaces, répond Stella.

Chuck demande à Bombe :

- Sais-tu pourquoi Dracula aime tellement être un vampire ?

- Euh... non.

- Car il a ça dans le sang !

Ce soir, c'est la veillée autour du feu sur Bird Island. Red se lance et raconte la première blague :

« Dracula mange au restaurant :

- Je vous apporte le menu, monsieur, dit le serveur.

- Non, donnez-moi plutôt la liste des clients ! »

Chuck prend la suite :

« Deux squelettes sont au bord d'un précipice, tout en haut d'une montagne.

L'un demande à l'autre :

- Es-tu capable de sauter ?

L'autre répond :

- Tu es fou, je tiens trop à ma peau ! »

Bombe demande à Chuck :

- Tu sais pourquoi les cimetières sont entourés par des murs ?

- Euh... non...

- Parce que tout le monde meurt d'y entrer !

Chuck rigole et raconte à son tour :

Un fantôme et un vampire partent en vacances, leur valise à la main. Ils sont au bord d'une route déserte.

- Pourquoi restez-vous là ? demande le vampire.

- J'attends le vaisseau fantôme, répond le fantôme, et vous ?

- Moi, j'attends le vaisseau sanguin...

Chuck pose une colle à Red :

– J'ai quatre nez, trois yeux, cinq bouches et huit oreilles. Que suis-je ?

– Je donne ma langue au cochon, répond Red.

– Je suis horrible ! répond Chuck en gloussant.

Encore une fois, Chuck s'amuse à jouer aux devinettes avec Red :

– Hé, Red, à ton avis, qu'offre maman fantôme à sa fille pour Noël ?

– Tu me fatigues, Chuck.
Je n'en sais rien !

– Bah, une maison de poupées hantée !

Bombe passe la soirée chez Matilda.
Il en profite pour essayer de la faire rire :

« C'est l'histoire d'une petite chauve-souris vampire, couverte de sang, qui revient dans sa grotte en zigzaguant et se pose pour piquer un petit somme. Mais les autres chauves-souris, réveillées par l'odeur du sang, lui demandent où elle a trouvé ce précieux nectar.

– Oh non ! Laissez-moi dormir ! crie la chauve-souris ensanglantée.

– Allez, sois sympa, dis-nous où tu as eu tout ce sang ! hurlent les autres chauves-souris vampires.

Finalement, la chauve-souris vampire ensanglantée cède et dit aux autres de la suivre :

– Vous voyez cet arbre là-bas ?

– Oui ! Oui ! disent les chauves-souris vampires, la salive à la bouche.

– Eh bien, moi, je ne l'avais pas vu... »

La charade de Red :

« Mon premier est le petit de la biche.

Mon deuxième est le contraire de « tard ».

Mon troisième est le cri de la vache.

Tu as peur de croiser mon tout derrière un rideau quand tu vas te coucher. »

Fantôme (faon-tôt-meuh).

Red et Chuck visitent un château en ruine pendant Halloween. Chuck demande au guide en claquant des dents :

- J'ai très peur, il paraît qu'il y a des fantômes qui rôdent.

Le guide lui répond :

- Impossible ! Cela fait cinq cents ans que j'habite ici, et je n'ai jamais rien vu !

Léonard est en train de se noyer
dans la mer.
Il crie :

- Au secours, je ne sais pas nager !

Un squelette qui passe par-là lui dit :

- Bienvenue au club !

Matilda et Stella se reposent sur un banc :

- Sais-tu quel est le comble pour un dragon ? demande Matilda.

- C'est de déclarer sa flamme, lui répond Stella. À mon tour ! Sais-tu quel est le comble pour un vampire ?

- C'est de se faire du mauvais sang, rétorque Matilda.

Bombe, qui n'est pas très habitué à faire des blagues, demande à Chuck et Red :

- Que dit un vampire qui quitte sa victime ?

Chuck répond tout de suite :

- Merci beau cou !

Vexé de voir que Chuck trouve rapidement la réponse, il recommence…

- Quel est le jeu préféré des squelettes ?

Mais Chuck répond, encore, tout de suite :

- Les osselets.

Bombe tente une dernière fois de piéger ses amis…

- Quel est le comble pour un fantôme ?

Mais cette fois c'est Red qui est le plus rapide :

- Être dans de beaux draps !

Térence veut aussi participer au concours de blagues avec ses amis et tente sa chance :

– Ce sont deux squelettes qui se livrent un duel acharné. À un moment, il y a un perdant et il dit, en partant : « T'inquiète, un jour, j'aurai ta peau ! »

– Très drôle, Térence, s'écrient Chuck, Bombe et Red en chœur.

Bombe et Térence décident de faire une randonnée dans la montagne. Ils se baladent tranquillement lorsque Bombe dit à Térence :

- La dernière fois que je suis passé au bord de ce précipice, mon guide est tombé.

- Mon Dieu, mais c'est horrible !
Mais qu'as-tu fait ?

- Bah rien, ce n'est pas si grave.
De toute façon, j'avais tout lu !

Red raconte une blague à Chuck :
« Deux fantômes se promènent :

- Ouuuuh ! fait le premier.

- Tu crois que tu me fais peur à crier comme ça ?

- Mais non, je ne veux pas te faire peur. Je viens de me cogner ! »

Chuck répond alors à Red qu'il en a une encore plus drôle à lui raconter :

- Tu sais où les fantômes partent en vacances ?

- Non...

- À la mer Morte !

Bombe et Chuck entrent
à la boulangerie et demandent :

– Bonjour, on voudrait trois croissants, deux baguettes et trois éclairs au chocolat.

– D'accord, et avec ceci ? demande la boulangère.

– Avec ceci, on va se goinfrer de chocolat et avoir une bonne crise de foie ! répondent en chœur les deux amis.

Red et Chuck se retrouvent complètement perdus dans la montagne. Il commence à faire sombre, il faut qu'ils pensent à un campement pour la nuit. Chuck dit :

- Cette situation et ce paysage me laissent sans voix.

- Parfait, nous allons nous installer ici ! rétorque Red.

La charade de Bubbles :

« Mon premier est le contraire de « rentre ».

On coupe le bois avec mon deuxième.

Tu respires mon troisième pour vivre.

Mon tout fait peur avec son horrible verrue sur le nez ! »

Sorcière (sort-scie-air).

Chuck et Red discutent. Red dit :

- J'ai vu des requins dans l'eau.
- Ah oui, combien ?
- Sept.
- Tu dis ?
- Je dis sept.
- Dix-sept ?
- Non, sans dix !
- Cent dix ? Mais t'as pas eu peur ?

Bombe arrive
très énervé devant
Red et Térence.
Il leur dit :

- Un jus d'orange sinon...

Red et Térence sont terrifiés à l'idée de voir Bombe sortir de ses gonds. Ils lui servent donc un jus d'orange sans discuter.

Le lendemain, Bombe dit alors :

- Un jus d'orange sinon...

Cette fois, Térence et Red sont bien décidés à ne pas se laisser faire et répondent en chœur :

- Sinon quoi ?

- Sinon, un jus de pomme !

Dans la collection

ANGRY BIRDS™

ANGRY BIRDS™
POSTERS magiques à colorier
8 posters GÉANTS
LAROUSSE

Le CALENDRIER
ANGRY BIRDS™
55 sous-mains à colorier
LAROUSSE

Imprimé en Espagne par Graficas Estella (Estella)
Dépôt légal : juin 2016
318064-01/11032992 – mai 2016